FULL SCORE

WSL-07-038
＜吹奏楽セレクション楽譜＞

I Can't Turn You Loose

Otis Redding　作曲
金山 徹　編曲

楽器編成表		
木管楽器	金管・弦楽器	打楽器・その他
Piccolo	B♭ Trumpet 1	Drums
Flute 1	B♭ Trumpet 2	Timpani
Flute 2	B♭ Trumpet 3	Percussion 1
*Oboe	F Horns 1 & 2	…Tambourine
*Bassoon	F Horns 3 & 4	Percussion 2
*E♭ Clarinet	Trombone 1	…Glockenspiel
B♭ Clarinet 1	Trombone 2	Percussion 3
B♭ Clarinet 2	Trombone 3	…Xylophone
B♭ Clarinet 3	Euphonium	
*Alto Clarinet	Tuba	
Bass Clarinet	Electric Bass	Full Score
Alto Saxophone 1	Electric Guitar	
Alto Saxophone 2		
Tenor Saxophone		
Baritone Saxophone		

＊イタリック表記の楽譜はオプション

I Can't Turn You Loose

◆曲目解説◆

　ブルース・ブラザーズのライブオープニングで使われている軽快でノリの良いサウンド！『お前をはなさない』がブラスロックで登場です！原曲はオーティス・レディングの『I Can't Turn You Loose』。耳なじみのあるこのメロディーは、CMやバラエティー番組、高校野球の応援としてもよく演奏される楽曲です。オーティス・レディングと言えば、ザ・ドリフターズの「ドリフの早口ことば」でも使用されている曲などブラス・セクションをバックに力強い歌声が印象的な1960年代のアーティストです。編曲はブラスロック・サウンドの本家とも言うべき金山徹氏。プレーヤーとしても活躍されている金山氏らしく、ノリが抜群でカッコいいアレンジ！安心して演奏していただけます。コンサートを盛り上げたい、奏者がノリたいと思ってるバンドには最適！オープニングトークのバック演奏としても、カーテンアップ曲としても盛り上がること間違いなしの、おすすめタイトルです！

◆編曲者からのコメント◆

　ソウル～ファンクの名曲で、ブラスロックのルーツとでも言うべき作品。ブルース・ブラザーズのライブで、オープニング＆エンディングの曲として使われ、有名になりました。このアレンジも、オープニングやエンディングでの使用を想定して、短めの構成になっていますが、自分たちでサイズ変更することが可能です。また、速いテンポで演奏すればするほど、盛り上がりますよ。

＜実際の使用例＞
■もっと延ばしたい場合
（B）（C）を演奏したら、（B）に戻る。2回目の（C）はメロディーを休ませ、サックス、トランペット、トロンボーンなどでアドリブソロ。
■もっと短くしたい場合
（C）をカットする。
■ナレーションを入れたい場合
（C）のメロディーを休ませる。または（D）をオープンにする。

（by 金山 徹）

◆金山 徹　プロフィール◆

　1960年山口県生まれ。小学校の金管バンドでトランペット/ユーフォニアムを、中学・高校の吹奏楽部でクラリネットを担当。武蔵野音楽大学卒業。卒業後はマルチリード、キーボード奏者として、ミュージカルの公演、コンサート、レコーディングに参加。また作編曲家としても、20th Century(V6)、KinKi Kids、光GENJI、少年隊など、多くのアーチストのコンサートやアルバムに参加している。
　吹奏楽や管楽器のための編曲も多く、ポップスを中心に、ヤマハミュージックメディア、ブレーン、ウィンズスコア、イースター音楽出版、フォスターミュージック、ソニック・アーツ、ミュージックエイトからの出版をはじめ、レコーディング、コンクール、演奏会、映画のための作編曲作品多数。東京佼成ウインドオーケストラ、シエナ・ウインド・オーケストラ、ブリッツブラスなどのプロの団体にも編曲を提供している。2010年9月に名古屋で行われたオリジナルミュージカル「海の向こうに」では管弦楽編曲を担当、また「第14回21世紀の吹奏楽"響宴"」で、オリジナル曲『ブルー・コーナー』が入選、演奏された。
　クラリネットを千葉国夫、村井祐児、柏野晋吾、西村一、作曲を池田一秀、池田悟の各氏に師事。
　江古田楽器祭総合プロデューサー。

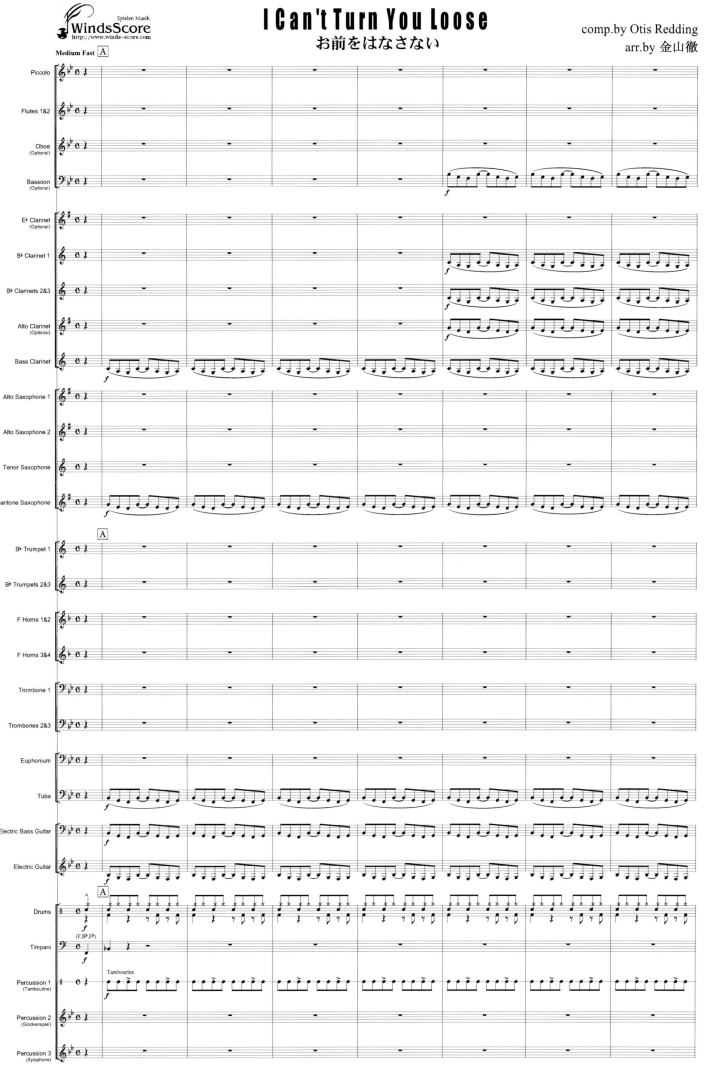

ご注文について

ウィンズスコアの商品は全国の楽器店、ならびに書店にてお求めになれますが、店頭でのご購入が困難な場合、当社PC&モバイルサイト・FAX・電話からのご注文で、直接ご購入が可能です。

◎当社PCサイトでのご注文方法

http://www.winds-score.com

上記のURLへアクセスし、WEBショップにてご注文ください。

◎FAXでのご注文方法

FAX. 03-6809-0594

24時間、ご注文を承ります。当社サイトよりFAXご注文用紙をダウンロードし、印刷、ご記入の上ご送信ください。

◎電話でのご注文方法

TEL. 0120-713-771

営業時間内にお電話いただければ、電話にてご注文を承ります。

◎モバイルサイトでのご注文方法

右のQRコードを読み取ってアクセスいただくか、URLを直接ご入力ください。

※この出版物の全部または一部を権利者に無断で複製(コピー)することは、著作権の侵害にあたり、著作権法により罰せられます。

※造本には十分注意しておりますが、万一落丁乱丁などの不良品がありましたらお取替え致します。また、ご意見ご感想もホームページより受け付けておりますので、お気軽にお問い合わせください。

Piccolo

I Can't Turn You Loose
お前をはなさない

comp.by Otis Redding
arr.by 金山徹

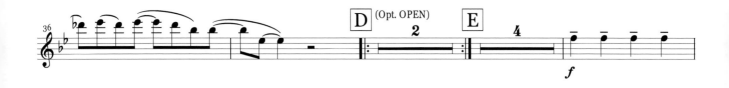

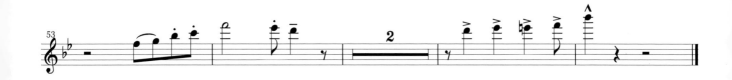

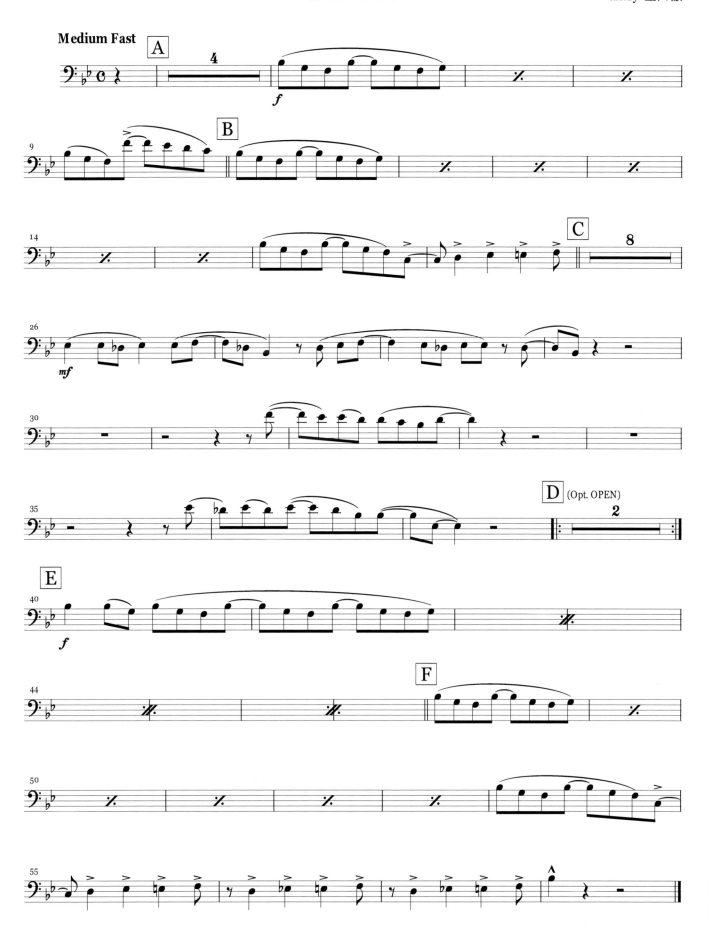

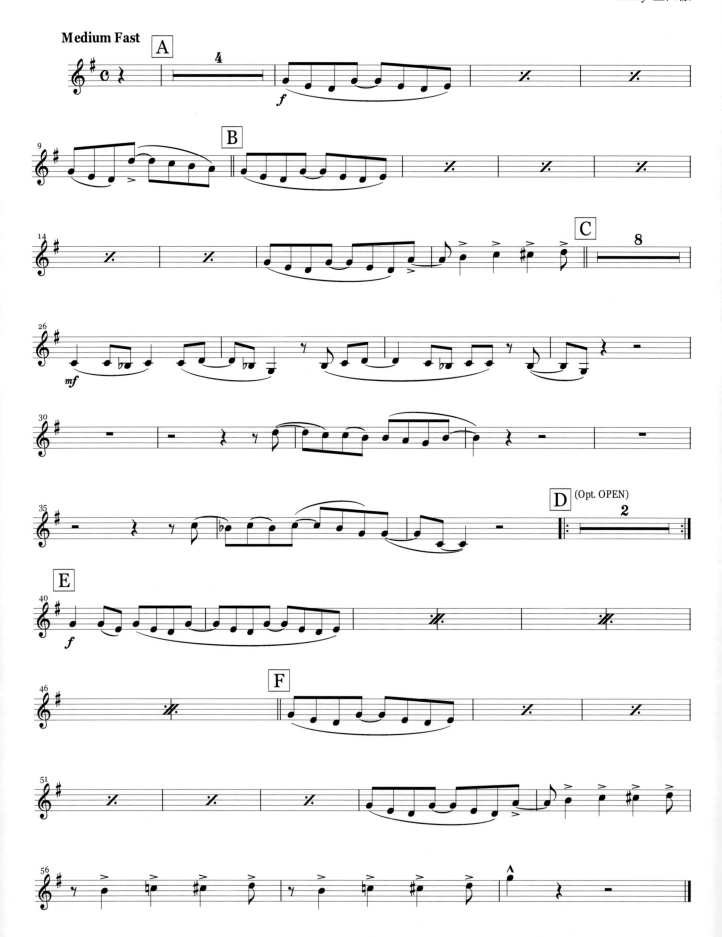

Alto Saxophone 1

I Can't Turn You Loose
お前をはなさない

comp.by Otis Redding
arr.by 金山徹

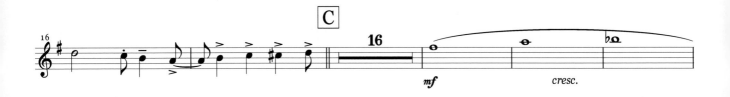

Tenor Saxophone

I Can't Turn You Loose
お前をはなさない

comp.by Otis Redding
arr.by 金山徹

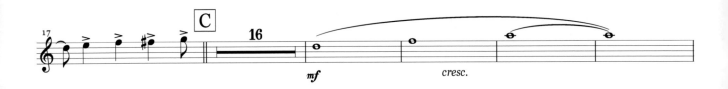

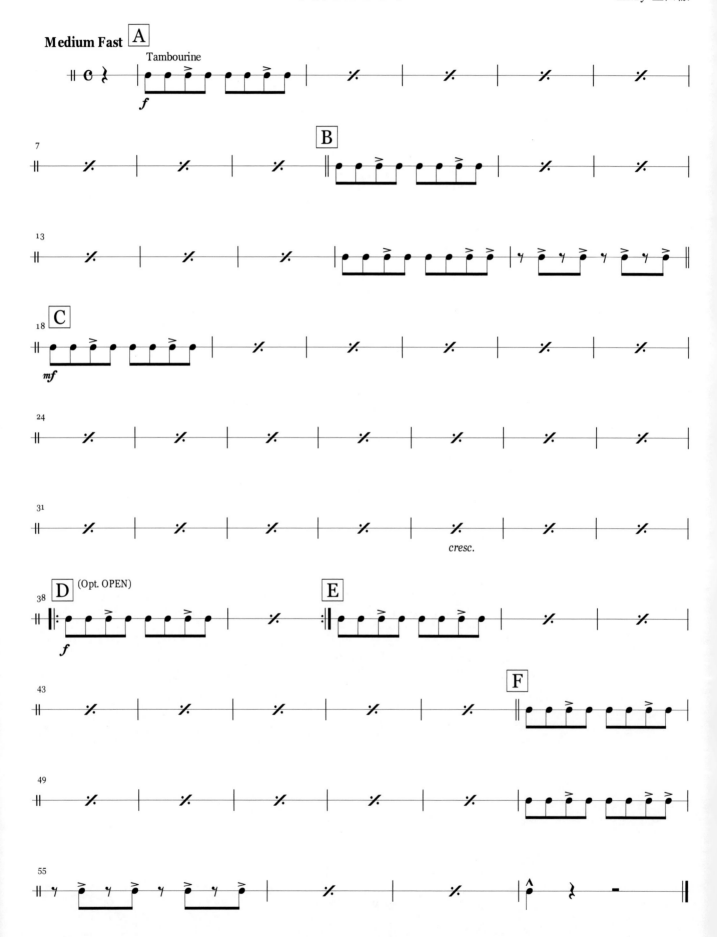

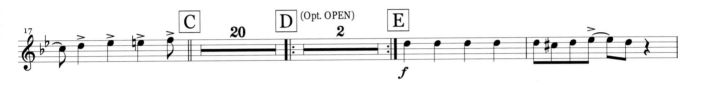

Percussion 3
(Xylophone)

I Can't Turn You Loose
お前をはなさない

comp.by Otis Redding
arr.by 金山徹

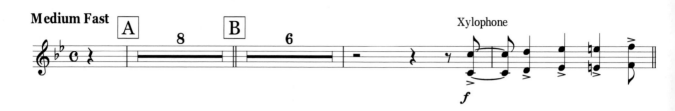
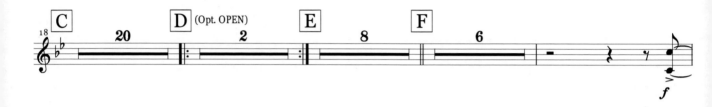